**Lourdes Miquel**

G000079294

# Vuelo 505 con destino a Caracas

**DIFUSIÓN**

Centro de Investigación y Publicaciones de Idiomas, S. L.
C/ Trafalgar 10, entlo. 1ª  08010 Barcelona
E-mail: editorial@difusion.com
www.difusion.com

Colección **"Venga a leer"**
Dirigida por Lourdes Miquel y Neus Sans
Serie *"Primera plana"*


Diseño de la colección y cubierta: *Ángel Viola*
Ilustraciones: *Mariel Soria*


© Lourdes Miquel y Neus Sans
   Difusión, S. L.
   Madrid, 1989


8   9   10   11   /   2008   2007   2006   2005


ISBN: 84-87099-10-6
Depósito Legal: M. 37211-1989
Impreso en España - Printed in Spain

## 1

Son las nueve menos cuarto de la mañana. En el sexto derecha de la calle Velázquez, 2, todavía no hay nadie. En la puerta pone: "Primera Plana— Agencia de periodistas".

Todos los días pasa lo mismo: Rosa Arranz, secretaria y coordinadora de actividades, llega a las nueve menos diez a la oficina. Antonio Ascuas, uno de los responsables del equipo, llega a las nueve menos cinco (en realidad ha llegado antes pero ha estado comprando periódicos y tomando el segundo o tercer café del día). A las nueve menos un minuto llegan Carlos Alberto García, encargado de archivos y documentación, y Alberto Gómez del Quintanar, el fotógrafo de la agencia. Uno o dos minutos después llega Manuel Soler, otro de los periodistas y, además, responsable de la economía del equipo. Media hora o tres cuartos de hora tarde llega Beatriz Carretero, una estudiante de periodismo, y a una hora indeterminada, siempre cerca de las doce del mediodía, llega Nicolás Rivero, el tercer periodista de "Primera Plana".

Son periodistas famosos, todos los periódicos quieren comprar sus reportajes. Su trabajo no es escribir cada día en un periódico. Su trabajo consiste en informarse, pensar, investigar, viajar, moverse y conseguir descubrir todo lo que los periódicos no explican normalmente. No les gusta tener jefes, no les gustan los horarios. "No hemos nacido para tener horarios", dicen siempre. "No hemos nacido para tener un jefe", dicen también. "El periodismo de investigación está más cerca de los detectives que de los escritores", le dicen a Beatriz cuando le enseñan las cosas que tiene que hacer.

Los teléfonos suenan sin parar. El telefax está recibiendo y mandando mensajes todo el día. Taxis y mensajeros [1] llevan y traen paquetes y documentos contínuamente.

—Buenos días, dígame — dice Rosa cuando contesta al teléfono.

—Hola, Rosa. Buenos días. Los chicos del gabinete quieren hablar con Antonio.

—¿Puedes esperar un momento? Es que está hablando por otra línea.

—De acuerdo, espero.

Antonio está hablando con el director de Cambio 16, un semanario de información general muy vendido en España:

—No sé si podré ir a la reunión de hoy, Mariano. Te lo digo de verdad. Hoy tenemos un día horri-

acuerdo

4

*Son periodistas famosos, todos los periódicos quieren comprar sus reportajes.*

ble. Horrible. Tres o cuatro reuniones, la conferencia de prensa del Consejo de Ministros [2] y muchísimas cosas más.

—Pero Antonio, es que es importantísimo. Hace tres meses que no vienes a la reunión y hay que hablar de muchos temas.

—Vamos a hacer una cosa. Yo intento ir, pero, si no puedo, mañana comemos juntos y hablamos. ¿Te parece?

—Si vienes a la reunión, mejor.

—Está bien. Hasta luego.

Cuando Antonio cuelga, entra Alberto con unas fotos, Manuel con un montón de carpetas, Carlos con unos papeles y Rosa llama por el teléfono interior. "Una fantástica mañana", piensa Antonio.

—Dime, Rosita.

A Rosa la llaman Rosita, Rossy, Ros, Rosiclaire y, a veces, Puri, pero ella está acostumbrada. Y no puede perder tiempo hablando de eso, además.

—Tienes al gabinete en la línea 2. ¿Puedes hablar con ellos?

—Ahora no puedo, Rosa. Esto parece una manifestación. Todo el mundo está en mi despacho. Los llamo yo luego.

—De acuerdo.

Antonio mira a los tres compañeros. Los tres esperan hablar con él en ese mismo momento.

—¿Quién es el primero? —pregunta Antonio riéndose.

—Yo, jefe —contesta Alberto—. Tengo las fotos del escándalo de la banca. ¿Las quieres [3] ver ahora o luego?

—¿Han salido bien?

6

—Perfectas. ¿Te las dejo aquí?

—Eso, déjamelas aquí y yo las miro luego. A ver, el segundo.

—Yo —contesta Manuel levantando la mano como en el colegio—. Pero vamos a necesitar mucho tiempo.

—Jefe —dice Carlos—. Yo sólo te necesito un momento. ¿Voy a EFE [4] o a Televisión para buscar la documentación del narcotráfico?

—Vamos a ver... A Televisión. Mejor a Televisión, primero. Pero vuelves aquí antes de la una. Te vamos a necesitar.

—O.K. [5], jefe.

—¿Tienes dinero para los taxis?

—Sí, todavía tengo. Hasta luego.

## 2

Manuel Soler se sienta delante de Antonio y pone encima de la mesa un montón de carpetas.

—Ayer estuve mirando todo esto, Antonio. Revisé todos nuestros gastos. Estamos muy mal de dinero. Fatal.

—A ver, ¿por qué?

—Porque nos lo gastamos todo. Medio millón en tres días en el viaje a Roma. Trescientas mil de teléfono. Cien mil en taxis... Una casa de locos. Esto es una casa de locos.

—Bueno, ¿y qué podemos hacer?

—Ahorrar.

—Es lo que tiene que decir un valenciano [6], ¿no? ¿Y cómo crees tú que tenemos que ahorrar?

—Lo primero, el teléfono. Hablamos demasiado

por teléfono. Y el Fax... Lo del Fax es horrible...

—Ya. ¿Y cómo conseguimos información de Mozambique o Melbourne o Guadalumpur? ¿Por correo o en tam-tam?

—Pues algo tenemos que hacer. Los viajes, por ejemplo. ¿Es necesario viajar en primera y estar en hoteles tan buenos?

—Depende.

—¿Depende de qué?

—De muchas cosas, Manuel, de muchas cosas. Tú no puedes ir a hablar con un director de la empresa más importante de Lima, por ejemplo, y estar en una pensión [7] baratísima...

—Ya te lo he dicho. Hay que ahorrar. Todo es importante. Todo.

En ese momento entra Nicolás en el despacho.

—Buenos días, muchachos.

Antonio y Manuel miran los dos el reloj.

—A las doce menos cinco se dice "buenos días", ¿verdad? [8]

—Menos bromas —contesta Nicolás—. Es que había un atasco terrible.

—Ya. Bueno, vamos a ver. A la una está la conferencia de prensa del Consejo de Ministros. ¿Quién va? Yo no puedo porque tengo que terminar lo de la banca. Alberto ha traído las fotos y tengo que mirarlas y escribir el artículo.

—Voy yo —dice Manuel—. Pero la semana próxima va Nicolás, ¿de acuerdo?

—De acuerdo —contesta Nicolás—. Voy a ver a Rosa un momento. ¿He tenido llamadas?

—Ni idea.

8

# 3

En el Palacio de la Moncloa [9] la conferencia de prensa es igual que siempre. Margarita Duque, la ministra portavoz del gobierno [10], está explicando los temas de los que han hablado en la reunión, los periodistas hacen preguntas y los fotógrafos disparan sus "flashes". A los periodistas de "Primera Plana" este tipo de reuniones no les gusta nada pero les interesa. Siempre se enteran de algo interesante para sus investigaciones o, si no, al salir siempre pueden tomarse un café con algún compañero y charlar un rato.

—¿Qué tal van las reuniones con los presidentes hispanoamericanos demócratas? —pregunta un periodista a la portavoz.

—Muy bien y ya podemos decirles que dentro de unos meses vamos a celebrar un encuentro con todos en Madrid —contesta la portavoz.

—¿Hay nuevas medidas contra el paro [11]? —pregunta otro.

—Hoy no hemos hablado de ese tema. La próxima semana va a haber una sesión en el Congreso [12].

—Señora Ministra, ¿es verdad que tenemos problemas con los servicios de inteligencia? —pregunta una periodista de "Interviu" [13].

—Perdone, pero no entiendo su pregunta.

—Me parece que los servicios de inteligencia españoles no están funcionando bien. ¿Es verdad que los países del Este [14] están recibiendo informaciones de secretos militares españoles?

—A esa pregunta sólo puedo contestarle "off the record" —dice la portavoz.

Cuando Manuel Soler oye "off the record", saca

su pluma estilográfica y su cuaderno. Esas son las noticias que le interesan para su agencia.

—Efectivamente —continúa la ministra portavoz— el Gobierno cree que hay algún espía. Alguien que conoce secretos militares españoles y que los pasa a los países del Este, concretamente a la RDA [15]. Es todo lo que puedo decirles por ahora.

—Una pregunta más, señora ministra —dice Manuel—, ¿de quién sospechan?

—Todavía no lo sabemos con seguridad. Es demasiado pronto para hablar de eso. Algún funcionario de alguna embajada, quizá.

Manuel está contento y excitado. Ése es el tipo de noticias que necesitan. Los otros periodistas guardan sus cuadernos y sus bolígrafos y se levantan. Él tiene que quedarse, tiene que conseguir un poco más de información. Se acerca a la mesa de la ministra.

—Perdone, soy Manuel Soler, del grupo "Primera Plana". ¿De verdad le parece que el espía trabaja en alguna embajada?

—Mire, un periodista acaba de preguntarme lo mismo hace un minuto. Al Gobierno le parece que el espía trabaja en alguna embajada. Pero no lo sabemos todavía. Ayer empezamos las investigaciones y necesitamos un poco más de tiempo.

—Muchas gracias, ministra.

"¿Otro periodista interesado? Tenemos que darnos prisa", piensa Manuel.


4


Todos los viernes a las cuatro y media de la tarde hay una reunión en la oficina de "Primera Plana". Hablan de las noticias del Consejo de Ministros y de los reportajes que tienen que entregar a revistas y periódicos.

Manuel Soler está explicando la rueda de prensa de esta mañana. Cuando termina, dice Antonio:

—Tenemos que investigar las embajadas, por supuesto. Pero a mí me parece que también tenemos que pensar en otras cosas. Por ejemplo, en los militares, en algunos banqueros y, desde luego, en algunos periodistas...

—Periodistas alemanes, sobre todo. Alemanes del Este, claro.

—Sí, ellos seguro que tienen información... Oye, Manuel, ese periodista de esta mañana... ¿Había algún periodista alemán en la rueda de prensa? —pregunta Nicolás.

—No, no, seguro que no. Los conozco a todos.

—No había ningún periodista alemán... —dice Antonio pensando en voz alta—. ¿Todos eran españoles?

—No, todos, no. Estaba Alain Parterre de "Le Monde", Patrick Humes, de "The Times" y dos o tres periodistas hispanoamericanos.

—¿Estaba el corresponsal de "La Nación"? ¿Cómo se llama?

—Luis Carlos Cámpora se llama. No, no estaba. Estaba el del "Diario de Caracas" [16]. No sé cómo se llama. Lo conozco muy poco.

—Ah, sí —dice Nicolás— ese chico nuevo... Mmmm... Me parece que se llama Ricardo Vázquez.

—Eso. Ricardo Vázquez. Se ha ido corriendo, después de la reunión.

—Bueno. Tenemos que conseguir una reunión

con algún militar. ¿Conocéis a alguno? —pregunta Antonio.

—Hombre, tú, Antonio, puedes hablar con Federico Armas. Es bastante amigo tuyo, ¿no?

—Buena idea. Voy a intentar hablar con él este fin de semana. Oye, ¿y Rosa no tiene un amigo capitán o comandante que está en el Estado Mayor [17]?

—Sí, me parece que sí. Voy a llamarla.

Nicolás coge el teléfono interior. A Nicolás le encanta hablar por teléfono.

—Rosita, ¿puedes venir un momento?

—Ahora mismo.

Enseguida entra Rosa.

—¿Qué hay? —les pregunta.

—Rosa, ¿verdad que tú tienes un amigo militar?— pregunta Antonio.

—Sí, pero hace mucho tiempo que no lo veo.

—¿Y puedes hablar con él para hacerle algunas preguntes?

—Depende —contesta Rosa.

—Mira, Rosa, es que parece que hay un espía que pasa información a los alemanes del Este. Queremos saber si los militares están informados y qué les parece.

—Es un poco difícil, chicos. Hace más de un año que no lo veo. Tengo que llamarlo, conseguir tener una cita con él y, después de hablar de nuestras vidas, hablar de eso... No sé.

—Pero lo vas a intentar, ¿verdad Rosita, bonita [18]?

—Está bien. Lo voy a intentar.

—Hay otra cosa —dice Manuel.

—¿Qué? —pregunta Rosita.

—Tienes que hablar con él este fin de semana.

El lunes tenemos que tener la información.

—¿El lunes? ¡Madre mía [19]! Voy a llamarlo ahora mismo.

—Eres una maravilla, Rosa.

—Sí, soy una maravilla. ¿Sabéis qué hora es? Las ocho. ¿Sabéis a qué hora tengo que salir de trabajar? A las siete [20] —dice Rosa muy seria.

—Otra cosa —les dice Rosa—. He estado mirando el artículo de la banca. Hay dos o tres cosas que no se entienden bien. Me parece que tenéis que arreglarlo un poco.

Cuando Rosa dice que algo no está bien, es que no está bien. Los tres periodistas lo saben perfectamente.

—¿Lo mando a la revista o no? —pregunta Rosa. Pero sabe la respuesta.

—No, todavía no —contestan los tres a la vez, preocupados porque van a tener que arreglar el artículo después de la reunión.

—De acuerdo, lo dejo encima de mi mesa.

## 5

El lunes por la mañana hay una nueva reunión a primera hora.

—¿Qué tal con ese militar, Federico Armas? —le pregunta Manuel a Antonio.

—Estuve cenando con él el sábado. El espía está pasando secretos de las bases americanas [21]. Secretos muy peligrosos para la seguridad española.

—¿Y de quién sospechan?

—No saben nada. Pero parece que no son los servicios secretos normales. He estado pensando...

Cuando Antonio dice: "he estado pensando", todos sus compañeros tiemblan. Siempre tiene ideas espectaculares.

—He estado pensando —continúa Antonio— y yo creo que el espía es alguien que trabaja por dinero. Sólo por dinero.

—Pues puede ser mucha gente...

—Mucha. Y por eso va a ser más difícil encontrarlo.

—¿Y Rosita? ¿Ha hablado ya con "su" militar?

—No lo sé. Espera un segundo —Antonio descuelga el teléfono y llama a Rosa—. ¿Puedes venir un momento?

En menos de un minuto Rosa entra por la puerta.

—¿Qué tal con el militar, Rosita? ¿Lo viste?

—Lo ví. Cené con él el viernes. ¡Qué rollo! Es pesadísimo, de verdad.

—¿Y le preguntaste por lo del espionaje?

—Claro. Dice que no se sabe mucho, pero que todo el mundo piensa que no son los servicios secretos normales. Algún loco que trabaja por dinero, tal vez.

—¿Lo ves? — dice Antonio a Manuel contento porque ha hecho una buena deducción.

—¿Y qué hacemos ahora? —pregunta Manuel.

—Lo primero enviar a Carlos a buscar documentación. ¡Carlos Albertoooooo! —lo llama Antonio olvidándose del teléfono interior.

A Carlos todo el mundo lo llama Carlos menos sus compañeros de trabajo. Un día miraron su carné de identidad [22] y descubrieron ese nombre. Desde entonces todos lo llaman Carlos Alberto, pero a él no le gusta mucho.

—¿Me llamabas, jefe? —dice Carlos abriendo la

puerta.

—Mira, Carlos, tienes que ir al Centro de Documentación a mirar todos los periódicos nacionales e internacionales desde hace seis meses.

—¿Todos, jefe?

—Todos. Pero sólo los artículos sobre las bases americanas, la seguridad nacional y alguna cosa más relacionada con esos temas. Pides fotocopias, ¿eh? Y, luego, los leemos y estudiamos aquí.

—De acuerdo. ¿Cuándo los necesitáis?

—Lo antes posible. Antes de comer puedes traer unos cuantos. Necesitamos ir muy rápidos. Rosita —dice Antonio—, ¿Nicolás está en su despacho?

—¿Nicolás? —pregunta Rosa un poco asustada— ¿Nicolás, dices?

—Sí, Nicolás. Nicolás Rivero. Ese chico periodista que hace diez años que trabaja con nosotros —contesta Antonio riéndose.

—Es que... Es que todavía no ha llegado.

—¿Quéééééé? —dicen Manuel y Antonio al mismo tiempo—. ¿Pero cómo puede ser? Son las diez de la mañana y éste sin aparecer. ¿Y tampoco ha llamado?

—No —dice Rosa en voz baja.

—Bueno... ¿En qué despacho está Beatriz?

Rosa se asusta otra vez.

—Es que tampoco ha llegado... Pero ha llamado para avisar. Va a llegar a las once.

—¿Pero esto qué es: una oficina o una discoteca? ¿Y Alberto? ¿Dónde está Alberto?

—¿El qué, jefe? —dice Alberto abriendo la puerta.

A Alberto sus compañeros lo llaman "El qué"

porque cuando oye hablar a dos personas o alguien dice su nombre siempre pregunta: "¿El qué?" [23]

—¿Te acuerdas de que a las once y media tienes que estar en Azca para las fotos del Edificio Picasso [24] —le dice Antonio a Alberto.

—Sí, jefe, estaba preparando las cámaras.

—Ah, bueno.

—Oye, Alberto —le dice Manuel—, ¿y cómo vas a ir hasta Azca?

—En taxi, jefe. Es que tengo la moto estropeada.

—¿En taxi? Pero va a costarte una fortuna. Tenéis que entenderlo: tenemos que ahorrar. A-ho-rrar, ¿me explico? ¿Sabéis cuánto hemos gastado en taxis este mes?

—No, por favor, Manuel, basta, basta...

Nunca se puede dejar a Manuel hablar de dinero porque saca de su mesa miles de carpetas y enseña las cuentas a todos. Es una dura responsabilidad organizar la economía de esta casa de locos.

### 6

Nicolás llega a las once. Tiene que llamar a un montón de gente por teléfono. Sobre todo a periódicos que les deben dinero. Nicolás es el más diplomático de los tres periodistas y, cuando hay problemas, siempre habla él. Nicolás es sevillano y tiene la gracia y el estilo de esa región [25]. Cuando hay problemas muy graves él siempre dice por teléfono:

—Mira, te llamo porque tenemos un problemilla [26]. Nada, una tontería.

Y entonces, sin darle importancia, explica el problema que los tiene angustiados a todos:

—Es que desde hace unos meses nos debéis tres

16

kilos [27]. Sí, tres, tres millones de pesetas. Y, claro, los necesitamos...

Y también sabe hacerlo al revés. Cuando "Primera Plana" se ha retrasado o todavía no ha empezado un reportaje que tiene que entregar la semana siguiente, dice:

—Nada, nada. Eso lo arreglamos. Seguro, sí. En dos días está terminado.

A eso de las doce del mediodía Nicolás entra a ver a Antonio y a Manuel que están delante de una pizarra escribiendo posibles sistemas para encontrar al espía.

—Buenos días, chicos.

—¿Qué tal estás, Nicolás?

—Maravillosamente —Nicolás siempre contesta eso y lo peor es que es verdad—. ¿Qué estáis haciendo?

—Hipótesis. Encontrar a un espía no es fácil. Y encontrarlo dos personas en lugar de tres es más difícil todavía.

—Está bien. Lo he entendido. Pero es que había mucho tráfico.

—¿No has pensado nunca en venir en metro?

—Bueno, ¿me decís qué tengo que hacer o no?

—Estamos esperando a Carlos. Ha ido a buscar documentación.

—Parece que el espía no está en los servicios secretos normales. Me lo dijo Federico Armas y a Rosita también se lo ha dicho un militar amigo suyo —le explica Antonio.

—¿Y por dónde empezamos? —pregunta Nicolás.

—Nosotros creemos que hay que buscar documentación en la prensa para estudiar los temas...

—Y ver en qué fechas han salido los artículos.

—Ya —contesta Nicolás sin demasiado entusiasmo—. ¿Y no tenemos que vigilar la Embajada de la RDA?

—Eso también.

—¿Y quién va a hacer eso? — pregunta Nicolás temiendo la respuesta.

—Pues esta mañana, en reunión extraordinaria, dos socios hemos decidido por mayoría que tú vas a vigilar la embajada. Beatriz, Alberto y tú. Alberto tiene que estar para poder hacer fotos. Y el resto del tiempo Beatriz o tú.

—Oye, una cosa, Nicolás. Tú tienes que estar más tiempo que Beatriz. Es demasiado joven para estar allí sola. ¿Entendido?

—Perfectamente. Y vosotros vais a estar aquí, con el aire acondicionado, y yo, en la calle a más de treinta grados ¿no?

—Exacto.

## 7

—Buenos días, dígame —dice Rosa cogiendo el teléfono.

—Rosa, soy... soy Alberto...

—¿Qué te pasa? ¿Te encuentras mal?

—No, no, es que he visto algo muy interesante. El espía...

—Psss. Silencio. Por teléfono, no.

—Voy para allá. Por favor, esperadme. Es muy urgente y muy importante.

—Vale. Te esperamos. Oye, y tranquilo. Hasta luego.

Rosa cuelga y llama al despacho de los chicos.

—Nicolás, ha llamado Alberto. Tiene una infor-

mación muy importante sobre el espía y viene para
acá.

—¿Te lo ha contado por teléfono?

—No, no. Ahora nos lo cuenta.

Media hora después llega Alberto. Temblando y
sudando. Es alto y delgado como Don Quijote [29]. Y
cuando llega parece que ha estado luchando en La
Mancha contra los gigantes [30].

—¿Qué hay, Alberto?

—¿El qué? —dice Alberto como siempre.

—¿Qué has visto? ¿Qué ha pasado?

—Nada, he hecho las fotos del edificio y, luego,
he entrado para hacer fotos de la rueda de prensa. Y
allí estaba Ricardo Vázquez, el periodista de "Diario
de Caracas".

—¿Y qué?

—Se acerca y me dice: Estáis contentos con lo
del espía, ¿no? Y yo le digo: ¿Por qué? Y él: Porque
esas noticias os gustan. Y yo entonces le pregunto:
¿Y tú cómo lo sabes? Y él me contesta: Yo lo sé todo.
Cuidado conmigo.

Alberto muy satisfecho los mira a todos esperando un aplauso.

—¿Y qué más? —pregunta Manuel— Porque eso
que te ha dicho es una broma.

—Una broma, sí, pero sabe que estamos interesa-
dos en el espía —contesta Alberto.

—Todo el mundo lo sabe.

—Bueno, pues a mí no me ha gustado nada. Y
entonces lo he seguido.

—¿Cómo? —le pregunta Manuel.

—Que lo he seguido.

—¿Qué cómo lo has seguido?

—Ah, en taxi.

—Ay, Dios mío. En taxi, en taxi. Siempre en taxi... —dice Manuel.

—¿Y qué? —le pregunta Antonio a Alberto.

—¿Sabéis dónde ha ido? ¡A la embajada de la República Democrática Alemana! ¡A la Embajada de la RDA! —Alberto los mira a todos esperando, esta vez sí, un aplauso. Pero lo que oye no le gusta:

—Y esta tarde Nicolás y tú vais a ir a la Embajada de la RDA, para vigilar un poco. Mira, Alberto, está clara una cosa: ese periodista también quiere investigar al espía. Y hace lo que tiene que hacer: ir a la embajada —le explica Manuel.

—Entonces, ¿no es importante? —pregunta Alberto un poco triste.

—Sí, es importante porque ahora sabemos que Ricardo Vázquez también quiere escribir un artículo sobre el espía. Y nosotros tenemos que escribirlo antes que él o perdemos la exclusiva.

En esos momentos en otro lugar de la ciudad, en una cafetería del barrio de Salamanca [31] el espía le está dando un sobre a un hombre.

Paga su café y se va. En el sobre están los planos del puesto de información ultrasecreta de la base de Rota [32].

## 8

—He tenido una idea —dice Antonio después de comer—. Vamos a conseguir una cita en la Embajada de la RDA. Podemos decir que estamos haciendo un artículo sobre la unificación de las Alemanias, el muro de Berlín y todo eso.

—¿Y para qué? —pregunta Nicolás.

—¿Ves esto? —le dice Antonio enseñándole una especie de caja de cerillas pero más pequeña— Esto es un micrófono. Tenemos que ponerlo dentro de la Embajada. Y tenemos que conseguir una cita para entrar.

—¿Dónde has comprado el micrófono? —le pregunta Manuel, preocupado, seguramente, por el dinero.

—Lo he hecho yo —contesta Antonio.

Antonio es un especialista en electrónica. Inventa micrófonos secretos, teléfonos extraños, cámaras fotográficas super pequeñas. Y todo funciona perfectamente. Pero a veces tiene problemas con su televisor o con el calentador del agua y no los puede arreglar.

—¿Y cuándo vamos a conseguir la cita? —pregunta Nicolás.

—Ya la tenemos. Esta mañana ha llamado Rosa. Es a las seis y media de esta tarde. O sea que ya os podéis ir. Éste es el micrófono, lo tienes que poner dentro del teléfono. Y esta maleta es para escuchar las conversaciones telefónicas desde el coche. ¿Sabes cómo funciona?

—Sí, creo que sí.

—Mira, se pone así —Antonio lo hace con su teléfono—. ¿Lo ves?

—Sí, es muy fácil.

—Facilísimo. Prueba tú, ahora.

Nicolás lo consigue a la primera.

—Perfecto. Al final vamos a trabajar nosotros en el servicio de inteligencia.

A las seis y media en punto Nicolás entra en la

Embajada de la República Democrática Alemana. Una secretaria lo acompaña hasta el despacho del Embajador, un hombre alto y bastante rubio que habla muy bien español.

—Soy Nicolás Rivero, del equipo "Primera Plana".

—Mucho gusto, señor Rivero. ¿Qué desea?

—Estamos haciendo un artículo sobre el muro de Berlín y la unificación alemana y quería hacerle unas preguntas.

—Usted dirá.

Nicolás empieza a preguntar y a tomar notas de las respuestas. Un rato después entra una secretaria:

—Embajador —le dice en alemán—. Tiene una llamada urgente y confidencial.

—Discúlpeme un momento —le dice el Embajador a Nicolás. Y se va. La secretaria le pregunta:

—¿Quiere tomar algo?

—No, muchas gracias —contesta Nicolás.

Cuando la secretaria se va, Nicolás intenta poner el micrófono en el teléfono. Está nervioso. Lo intenta, pero no lo consigue. "Seguro que hay cámaras de vídeo y que todo el mundo está viendo lo que hago", piensa. "Tengo que conseguirlo. tengo que conseguirlo". Y, al final, lo consigue. Un minuto después entra el embajador.

—Discúlpeme. ¿Tiene alguna pregunta más?

—Pues no, de momento, no. Muchas gracias por su colaboración.

—De nada, señor Rivero.

Nicolás sale del despacho un poco asustado. "Me han visto. Seguro que me han visto". Anda por el pasillo, baja unas escaleras, anda por otro pasillo. "En la puerta. Me van a detener en la puerta." Pero llega a la puerta y no lo detiene nadie. Sale. Respira y se va al coche que está aparcado a dos calles de la Embajada. Allí están Beatriz y Alberto esperándolo.

—¿Qué tal, jefe?

—Perfecto. Maravilloso. He puesto el micrófono en el teléfono. Dentro del teléfono. Parezco un espía profesional.

—¿Y no has tenido miedo? —le pregunta Beatriz.

—¿Miedo? ¿Miedo yo? ¿Por qué? —Nicolás no puede aceptar esa debilidad y menos delante de una mujer guapa y joven como Beatriz.

—¿Y ahora podemos escuchar las conversaciones telefónicas?

—Sí. ¿Lo probamos? Alberto, conecta eso.

—¿El qué? —dice Alberto distraídamente.

—Eso, el maletín. Lo abres y luego aprietas un botón rojo.

Se oyen ruidos y una llamada. La secretaria de la Embajada contesta:

—Embajada de la República Democrática Alemana.

—Quería hablar con el señor embajador.

—¿De parte de quién?

—De Elisenda Rocamora.

—Un momento, por favor —la secretaria habla con el embajador—. Embajador, una señora, Elisenda Rocamora, pregunta por usted.

—Pásemela, por favor.

—Embajador...—dice la mujer del teléfono.

—¿Sí?

—Soy Carmen.

En el coche, Nicolás, Beatriz y Alberto dan un salto. "¿Cómo se llama, Elisenda o Carmen? ¿Es ella una de los espías?". Todos piensan lo mismo. Nicolás dice: "¡Atención!"

—Dime, mi amor.

—Te quiero, te quiero muchísimo y tengo ganas de verte.

Los tres del coche se ríen:

—No es una espía, es la novia o la amante...

—Esto es muy interesante... —dice Alberto—. Quiero escucharlo todo.

—¡Alberto! ¡Esto no es profesional!

## 9

Hacia las diez de la noche Nicolás, Beatriz y Alberto están un poco cansados de estar dentro del coche escuchando todas las conversaciones de la Embajada.

—¡Qué hambre tengo! —dice Beatriz.

—Y yo. Tengo un hambre horrible —dice Alberto.

—Hacemos una cosa. ¿Por qué no vais a cenar algo y yo os espero aquí?

—¿Los dos? A mí me parece mejor quedarnos dos en el coche —dice Alberto.

—Bueno, pues yo me voy a cenar y vuelvo enseguida, ¿vale? —propone Beatriz—. ¿Sabéis si hay una pizzería por aquí?

—¿Otra vez vas a comer spaguettis? —le pregunta Alberto.

—Es que me encantan. Enseguida vuelvo.

A las diez y media de la noche casi todas las luces

de la Embajada están apagadas. Sólo está encendida una lámpara en la residencia del embajador.

Suena el teléfono. Nicolás y Alberto conectan la grabadora.

—Embajador, soy Wotan. ¿Alguna novedad?

—Todo en orden.

—¿Alguna visita?

—Ha venido un periodista.

—¿Quién?

—Mmmm... Nicolás Rivero. De "Primera Plana".

—¿Y qué quería?

—Hablar del muro de Berlín.

—Cuidado con él. Esos periodistas son peligrosos.

—¿Qué tal el envío de hoy?

—Perfecto, sin ningún problema. Pasado mañana en el lugar indicado, ¿de acuerdo?

—Entendido.

Nicolás desconecta la grabadora y dice:

—Muchacho, esto es importante.

—¿El qué?

—¡Alberto, por favor! Esta conversación es importante. Esta conversación entre estos dos hombres.

—Sí, pero no sabemos si hablan de lo que estamos buscando.

—Pero sabemos una cosa.

—¿El qué?

—Buf. Sabemos que también tenemos que vigilar la embajada —contesta Nicolás.

—Eso sí.

A las once llega Beatriz.

—Hola, chicos. Uf, qué bien he cenado. Spaguettis al pesto. Una maravilla. ¿Ha pasado algo?

—Tenemos una grabación interesante.

—¿Quieres escucharla? —le pregunta Alberto.

—No, Alberto, aquí no —le dice Nicolás—. Mejor en la oficina. Vamos un momento a dejar esto y, luego, nos vamos a casa. Hoy ya hemos trabajado bastante.

## 10

Al día siguiente en el sexto derecha de la calle Velázquez número dos, la oficina de "Primera Plana", se trabaja muchísimo. La mesa de la sala de reuniones está llena de fotocopias y Carlos, Manuel, Antonio y Rosa las están leyendo.

—A las once tengo que volver al Centro de Documentación para recoger más artículos.

—¿Cómo recoger? Tienes que buscar más artículos. Buscarlos —le dice Antonio.

—No, jefe. Allí hay una chica muy mona y muy simpática. Ayer estuvimos hablando un poco, luego tomamos un café juntos... Total, que ella los va a buscar y me los dará a las once.

—Ligando [33] en horas de trabajo... Muy bonito, Carlos. Muy bonito —le dice Rosa en broma—. Y nosotros aquí trabajando como locos.

—Tú no digas nada, que estos tres están todo el día diciéndote cosas bonitas —contesta Carlos también en broma.

—¿Bonitas? Todo el día hablando de mis piernas. ¿Eso es bonito?

—Tus piernas, sí, Rosa —le dice Manuel.

—¿Y tú cómo lo sabes? —contesta Rosa riéndose.

Rosa lleva siempre pantalones vaqueros. Pero a sus jefes les gustan más las faldas, las minifaldas. Para su santo [34] y su cumpleaños los tres jefes le regalan faldas. Pero Rosa no se las pone.

Llega Nicolás.

—Buenos días a todos. Son las nueve y cuarto de la mañana. Un verdadero récord, ¿no?

—¿Qué tal en la Embajada? Supongo que el micrófono está dentro del teléfono porque tuviste mucho tiempo para ponerlo cuando el embajador se fue —le dice Antonio.

—¿Y tú como lo sabes? Ah, claro, te lo han contado Alberto y Beatriz.

—No, no me lo han contado ellos porque todavía no han llegado.

—Y, entonces, ¿cómo lo sabes?

—Elemental, querido Nicolás, porque esta señora y yo llamamos a la Embajada a las siete menos diez. Menos doce, para ser más exactos.

—¿Vosotros?

—Sí, nosotros —contesta Rosa—. Lo pensé, lo hablamos con Antonio y te llamamos.

—¡Genial! —dice Nicolás realmente asombrado—. Pues casi no lo pongo.

—¿Queeeeé?

—Estaba nerviosísimo. Pero mucho, muy nervioso. Lo intento y no puedo. Pero, luego, lo puse muy bien.

—Perdona una pregunta —dice Antonio—. ¿funciona?

—Funciona. Y, además, tenemos una grabación super interesante. ¿La queréis oír?

—Pues claro.

Pone la grabadora y la escuchan. Al final Manuel dice:

—Resumiendo: o la embajada está metida en el asunto del espía o esa conversación es de otro asunto secreto.

—O —dice Rosa— están buscando ellos también al espía.

—Bueno —dice Manuel— lo que hay que hacer es seguir vigilando la embajada y también seguir investigando periódicos y documentos. ¿Quién está en la embajada ahora?

—Alberto y Beatriz. A la una y media tenéis que ir Carlos y tú, Manuel. Y ahora, café para todos y a trabajar —dice Antonio poniéndose unas vitaminas en un vaso de agua.

—Voy a la cocina a buscar pomelos. ¿Alguien quiere? —dice Manuel.

—No, pero puedes traer la cafetera y unas galletas —dice Rosa intentando, por una vez, no hacer ella el café.

—A la orden, jefa mía —dice Manuel, saluda militarmente y se va a la cocina.

## 11

Al mediodía están hartos de leer artículos y artículos todos bastante aburridos. Y también están hartos de no encontrar nada interesante.

—Aquí no hay nada. Hemos leído trescientos cuarenta y ocho artículos y aquí no hay nada.

—¿Trescientos cuarenta y ocho? —le pregunta Manuel a Antonio—. ¿Los has contado?

—Más o menos —contesta Antonio. Y es que

Antonio es así: le gusta la exactitud y por eso dice "a las siete menos doce", pero, a la vez, a veces exagera con el trabajo: no ha escrito doce hojas, sino doscientas, no ha tenido cinco llamadas, sino veinticinco.

—Un momento, muchachos —dice de repente—. ¡Lo tengo! Mirad esto. Cuando Ricardo Vázquez escribe un artículo en "El País", Richard Wagner escribe otro en "Diario 16" [35]. Siempre. Desde hace cinco meses.

—A ver...

—Mira, 14 de febrero: uno de Ricardo Vázquez, otro de Richard Wagner; 2 de marzo, lo mismo; 14 de abril, igual, 13 de mayo y 17 de junio, éstos son los últimos.

—¿Y eso qué significa? —pregunta Manuel.

—Tenemos que pensarlo. Pero estoy seguro de que esto significa algo. Esto no es una casualidad.

—Ricardo Vázquez es el corresponsal de "El Diario de Caracas", ¿verdad? —pregunta Carlos.

—Sí.

—¿Y qué interés puede tener Venezuela en espiar a España?

—No es Venezuela, Carlos, es un venezolano.

—¿Sabeis qué? —les dice Rosa— Voy a meter estos datos en el ordenador. Podemos conseguir algo, quizá.

—De acuerdo.

Un momento después entra de nuevo Rosa en el despacho donde están Manuel, Nicolás, Carlos y Antonio.

—Chicos, ¿qué os parece esto? Ricardo Vázquez firma sus artículos con una uve abreviada: Ricardo V. Vázquez. Y Richard Wagner firma Richard Wagner o

R. W., sus iniciales.

—¿Y...?

—Pues estaba yo pensando... Ricardo V. Vázquez puede significar Ricardo uve doble, ¿no?

—Claro. ¿Cómo no nos hemos dado cuenta? Las iniciales son iguales: erre y doble uve. Genial, Rosita, eres genial.

—¿Lo has hecho tú o el ordenador? —le pregunta Manuel.

—Yo, hijo [36], yo. No he tenido tiempo ni de llegar a mi despacho. He cogido los papeles y por el pasillo se me ha ocurrido.

—Rosita, te vamos a subir el sueldo.

—¡Ya era hora! —contesta Rosa riéndose.

—Carlos —dice Antonio—. Ahora mismo te vas al Centro de Documentación otra vez y buscas todos los artículos de Ricardo Vázquez, Richard Wagner y los de R.V.V. y R.W. de los últimos meses. Y no se lo dices a tu chica, esa tan mona que trabaja allí. No se lo dices a nadie. Lo haces tú sólo y, luego, te vienes para acá corriendo.

Cuando Carlos se va, Manuel les pregunta a Antonio y Nicolás:

—¿Vosotros conocéis a ese Richard Wagner?

—Yo no —contesta Nicolás.

—Y yo tampoco —dice Antonio.

—O sea que seguramente no son dos personas, sino una: Ricardo Vázquez.

—Yo a Ricardo Vázquez tampoco lo conozco personalmente —dice Antonio—. ¿Qué sabéis de él?

—Es venezolano, tiene unos treinta años y hace seis o siete meses que empezó a trabajar para "El Diario de Caracas" —contesta Manuel.

30

—¿Algo más? ¿Posiciones políticas o ideológicas?

—Ni idea.

—¿Amigos?

—Ninguno en especial. En las ruedas de prensa y esas cosas saluda y se despide de nosotros, pero no es especialmente amigo de nadie —dice Manuel.

—Hay que saber dos cosas: ¿para quién trabaja en realidad? Porque está claro que lo de "El Diario de Caracas" es una excusa... Y la segunda cosa: tenemos que buscar si en esos artículos hay alguna información en clave.

—¡Fantástico! Como en las novelas. Yo he leído todas las de John Le Carré [37] y puedo ser de gran ayuda —contesta Manuel.

—¿Ah, sí? Pues empieza. Aquí tienes los artículos —dice Nicolás—. Yo me tengo que ir corriendo a la Embajada a sustituir a Beatriz y a Alberto. ¿Beatriz tiene que venir aquí?

—Sí, ya te lo hemos dicho antes. Tiene que venir corriendo.

—De acuerdo. Hasta luego.


## 12

Antonio y Manuel se quedan leyendo los artículos. Rosa está trabajando con el ordenador para intentar encontrar alguna clave secreta.

—¿Te acuerdas de las novelas de espías? Hay que buscar una frase luego un número, luego un día... —comenta Antonio a Manuel

—Sí, pero ¿qué frase?

—Ésta, por ejemplo. Mira esto, Manuel. Mira cómo empieza el artículo del 17 de junio firmado por

Ricardo Vázquez.

—A ver... "La próxima semana..." —lee Manuel.

—Muy bien. Mira ahora el del 17 de junio firmado por Richard Wagner.

—Un momento... A ver... "Dentro de una semana..." Empiezan igual.

—Exacto. Vamos ahora a buscar el primer número que aparece...

—Aquí está. Dice: "veintitrés países..."

—Perfecto. Eso significa el día 23. Busca ahora en el otro, en el de Wagner.

—El primer número es "dieciocho".

—¡Dios santo! [38] ¿Por qué no son iguales?

—Pues no lo sé. Espera un momento. Uno puede ser el día y otro puede ser la hora. Pero ¿cuál es el día y cuál es la hora?

—Muy fácil. El artículo es del día 17, ¿no? Y dice: "La próxima semana", ¿no?

—Sí, eso dice.

—Bueno, pues "veintitrés" tiene que ser el día y "dieciocho", la hora —dice Antonio.

—Somos genios, compañero. Auténticos genios.

—Pero falta una cosa. O, mejor, dos cosas.

—Sí, falta saber dónde y, sobre todo, qué.

—No. Sobre todo, dónde. Encontrando el dónde, podemos saber el qué.

En ese momento entra Rosa y sólo oye "el qué".

—Hijo, Antonio, te pareces a Alberto —dice y se ríen todos.

—Rosa, casi lo tenemos. Sabemos que algo va a pasar el día veintitrés a las dieciocho horas, o sea, a las seis de la tarde, pero no sabemos dónde.

—¿Por qué no seguimos leyendo? Vamos a apuntar los lugares de los artículos.

—Aquí pone: "en esta capital"

—Bien, en Madrid. Eso es una posibilidad. Pero ¿dónde exactamente?

—En este artículo no pone ningún sitio más y en el otro, tampoco. Sólo pone nombres de pintores, políticos y escritores españoles: Goya, Velázquez [39] y otros más.

Hay un silencio total. Ninguno de los tres dice nada. Saben el día, saben la hora, pero no saben dónde va a pasar algo muy importante.

—Voy a decir una tontería —dice Rosa—. Una tontería enorme. Velázquez y Goya son dos pintores, pero también son dos calles de Madrid. ¿no?

—¿Cómo has dicho, Rosita? ¡Dos calles! Dos calles y, además, hacen esquina.

—Muchachos, lo tenemos. El veintitrés de junio a las seis de la tarde en Velázquez esquina Goya. Aquí, al lado de la oficina.

—¿Qué día es hoy?

—Veintidós

—Menos mal. Es mañana. Tenemos que organizarlo todo muy bien.

—Y en la conversación de ayer en la Embajada también hablaban de "pasado mañana", o sea mañana —recuerda Manuel.

—Mañana es el gran día para "Primera Plana" —dice, contentísimo, Antonio, sin saber los problemas que todavía van a tener.

## 13

El día veintitrés de junio por la mañana todo el personal de "Primera Plana" trabaja sin parar. Tienen que organizar muy bien el plan de acción.

Al mediodía no come nadie. No hay tiempo. Sólo han podido tomar café. No pueden equivocarse.

A las seis de la tarde todavía hace muchísimo calor en Madrid pero las calles están llenas de gente paseando y haciendo compras.

A las cinco y cuarto de la tarde Nicolás, con unas gafas de sol y un enorme periódico, se sienta en la terraza de una cafetería en la esquina de Velázquez y Goya, el lugar de la cita del espía. A las cinco y media, Carlos se sienta en un banco al lado de un quiosco en la acera de enfrente a la de Nicolás. Beatriz muy elegante, con un vestido muy adecuado para el barrio [40], está mirando un escaparate de una tienda de modas en la misma esquina. Y Antonio, Manuel y Alberto están dentro de un coche aparcado en doble fila [41] a diez metros del cruce de Goya y Velázquez. A las seis menos cuarto todos están preparados. Algo tiene que pasar. Alberto está preparando sus cámaras fotográficas, Antonio tiene varios aparatos preparados para usarlos inmediatamente y Manuel tiene el coche en marcha. Quizás van a tener que seguir a las personas que van a encontrarse.

A las seis menos cinco minutos un coche negro se para justo en la esquina. Manuel lo ve.

—Es Ricardo Vázquez. El de ese coche negro es Ricardo Vázquez. Adelante.

En ese momento Antonio baja del coche. Ricardo no lo conoce y no puede sospechar. Nicolás, Carlos y Beatriz ven a Antonio y lo vigilan. Antonio se coloca detrás del coche. Enseguida empieza a salir humo.

—Perdone —le dice Antonio a Ricardo—, está saliendo humo de su coche.

Antonio se acerca a Ricardo Vázquez, que está dentro del coche esperando a alguien.

—Perdone —le dice Antonio a Ricardo—, está saliendo humo de su coche.

Ricardo mira atrás y ve muchísimo humo, sale del coche y va a mirar lo que pasa. En ese momento Antonio pega un micrófono al lado del asiento del conductor y se va.

Ricardo vuelve al coche, saca un spray y empieza a echar espuma. En menos de un minuto no sale más humo. Vuelve a entrar en el coche y mira el reloj. Las seis menos un minuto. Todo en orden.

Un hombre muy alto, con barba y gafas oscuras entra en el coche de Ricardo y se van hacia la Plaza de Colón [42]. Alberto ha hecho algunas fotos, pero quiere hacer más. Manuel pone el coche en marcha:

—Vamos a seguirlos.

Dentro del coche Antonio conecta la grabadora para escuchar la conversación de Ricardo Vázquez y su amigo. Se oye muy bien.

—Aquí tienes. Es el 505. Pasado mañana. Tienes que hacerlo todo antes de una semana. El 7 tienes que volver a estar aquí. O antes del 7, mejor. Puede ser peligroso.

—¿Y el dinero? —le pregunta Ricardo Vázquez.

—A la vuelta. Dentro de este libro tienes las instrucciones. Suerte.

A la altura del Café Gijón, en el Paseo de Recoletos [43] el hombre se baja y desaparece entre la gente que pasea.

—A la oficina, Manuel. Tenemos que pensar todo esto muy bien —le dice Antonio.

Dan la vuelta por Cibeles. Al fondo se ve la Puerta de Alcalá y los árboles de El Retiro [44]. En cinco minutos llegan a la oficina.

A las siete menos cuarto, todo el equipo de "Primera Plana" está reunido para valorar lo que ha pasado.

—Señores y señoras [45], hoy hemos demostrado que somos geniales —les dice a todos Antonio—. Pero tenemos que seguir demostrándolo. Y para eso tenemos que contestar a una única pregunta: —¿Qué es el 505?

—El número de un agente secreto —dice Alberto.

—O el número de una habitación de hotel —dice Carlos.

—No, Carlos, una habitación de hotel no puede ser.

—¿Por qué? —pregunta Carlos.

—Porque es la 505. "La", ¿comprendes?, femenino singular.

—Puede ser una marca de coches. Peugeot, por ejemplo. Un Peugeot 505.

—Y también puede ser el número de un vuelo —dice Carlos— El vuelo 505 con destino a … ¿A dónde?

—Eso es. Un vuelo. Seguro. Porque, además, ha dicho: "Tienes que volver a estar en Madrid" —dice Antonio.

—Fantástico —dice Manuel—. Ahora tenemos que saber de qué compañía. Puede ser Iberia, Aviaco, Air France, Alitalia, Lufthansa, Cubana, Olympic... Facilísimo, ¿no?

—Un momento, un momento… Han dicho pasado mañana. Pasado mañana no puede haber tantos vuelos 505, hombre.

—¿Y cómo lo averiguamos? —pregunta Rosa—. Me parece que ya sé lo que vais a decir. Vais a decir: "Rosita llama inmediatamente a todas las compañías aéreas y pregunta..." Es eso, ¿verdad?

—No exactamente, Rosita —le contesta Antonio—. Llama al aeropuerto primero. Y, después, llama a todas las compañías y pregunta si...

—Vale, de acuerdo. Ahora mismo.

Rosa se va a su despacho y llama a información del aeropuerto.

—Información del aeropuerto de Barajas [46], dígame.

—Señorita [47], necesito saber si pasado mañana hay un vuelo con el número 505.

—¿A dónde?

—No lo sé.

—¿De qué compañía?

—Tampoco lo sé.

—Pues, si no tiene algún dato más, no podemos informarle.

—A ver, señorita —dice Rosa un poco nerviosa—, ¿cuántos vuelos con el número 505 puede haber pasado mañana?

—No lo sé.

—¿Uno, dos, tres o muchos más? —vuelve a preguntar Rosa.

—No, no pueden ser muchos.

—¿Y no puede buscar esa información, por favor?

—Lo siento, pero no puedo.

Rosa vuelve a la sala de reuniones y les informa de la situación:

—No nos pueden dar esa información.

—Una cosa: ¿qué tal si va Manuel al aeropuerto? Un chico alto, guapo y elegante... A las azafatas seguro que les gusta un hombre así, ¿no?

—Muy buena idea —dice Nicolás—. Y yo lo acompaño. A mi me gustan muchísimo las azafatas. Casi todas son guapísimas.

—A ti es que te gustan todas, Nicolás —dice Manuel—. Está bien. Nos vamos al aeropuerto. Esperadnos aquí. Dentro de una hora o una hora y media volvemos.

Beatriz y Carlos se van a leer más artículos de R.V. Vázquez y de Richard Wagner. Hay que seguir investigando. Alberto se va a revelar las fotos que ha hecho esta tarde. Y Rosa y Antonio aprovechan para hablar de los asuntos pendientes.

—Antonio, ¿te acordaste de llamar a los chicos del gabinete el otro día?

—¡Cielo santo! [(48)]. Ahora mismo los llamo.

## 14

Manuel y Nicolás regresan muy contentos.

—Lo hemos conseguido, chicos.

—¡Qué bien! ¿Y qué ha pasado?

—La chica era guapísima, una preciosidad. Morena, muy alta, con unos ojos verdes preciosos y ... —explica Nicolás.

—¿Qué ha pasado? —repite Antonio.

—Pues que el 505 es un vuelo a Caracas de Iberia. Sale pasado mañana a las ocho de la noche.

—¿Habéis preguntado si Ricardo Vázquez tiene una reserva?

—Sí.

—¿Y?

—Ricardo Vázquez no tiene una reserva. Pero la tiene Richard Wagner.

—Muy interesante —dice Antonio—. Ahora tenemos que decidir quiénes van Caracas pasado mañana.

—Ya lo hemos decidido nosotros.

—Ah, ¿sí? —dice Antonio—. ¿Y quién va?

—Alberto porque tiene que hacer las fotos —dice Manuel.

—Perfecto.

—Y tú.

—¿Yoooo? —se sorprende Antonio—. ¿Yo por qué?

—Porque Ricardo Vázquez, no te conoce. A Nicolás y a mí nos conoce bastante, pero a ti Ricardo Vázquez no te ha visto nunca.

—Perdón —dice Antonio—, me ha visto esta tarde. En su coche, para ser más exactos.

—Sí, pero sólo te ha visto un segundo. Y a nosotros nos conoce mucho.

—Yo es que a Caracas no puedo ir —protesta Antonio—. Ya sabéis que hace años que no voy en avión. No me gustan nada los aviones. Nada en absoluto. Si no os importa, voy en barco —dice bromeando.

—Lo sentimos mucho, Antonio, pero tienes que ir tú.

—¿Y no hay ninguna otra posibilidad? —pregunta.

—Ninguna —contesta Nicolás—. Además, mira esto —se saca un billete de avión del bolsillo del pantalón—. Un billete para Antonio Ascuas, en el vuelo 505 con destino a Caracas de pasado mañana. Sales a las ocho de la noche... Y aquí está el billete de Alberto.

—Vamos en primera clase, ¿no? —pregunta Antonio aceptando su destino.

—¿En primera? ¡No! Vais en clase turista, como Ricardo Vázquez —contesta Manuel—. Además, no tenemos dinero para pagar billetes de primera, ya sabes.

Antonio está muy asustado. Puede hacer cualquier cosa en esta vida. Cualquier cosa menos viajar en avión. Pero es su obligación y va a soportar un viaje de más de seis horas a través del Atlántico. Así es la vida.

—Hay un pequeño problema —dice Manuel.

—¿Más problemas? —pregunta Antonio.

—Sólo uno más. Ricardo Vázquez conoce a Alberto. Lo conoce bastante.

—Sí, ¿y qué podemos hacer? Necesitamos a Alberto para las fotos.

—Mañana Alberto va a ir a la peluquería. Se va a cortar el pelo y a afeitar la barba —propone Manuel.

Alberto oye que están hablando de él y entra en el despacho.

—¿El qué? —dice como siempre.

—Alberto, pasado mañana te vas a Caracas con Antonio. Un viaje secreto. No puedes decírselo a nadie, ¿eh? —dice Nicolás.

—¡A Caracas! ¡Qué bien!

—Pero —continúa Nicolás— mañana tienes que ir a la peluquería. Te tienes que teñir el pelo.

—¿Teñir el pelo? ¿Y de qué color?

—Rubio, muy rubio. Y te tienes que afeitar la

barba.

—¿Afeitarme la barba? No, imposible, a mi novia le encanta mi barba.

—Es necesario, Alberto. Ricardo Vázquez te conoce y vais a ir en el mismo avión.

—Estoy pensando una cosa —dice Manuel—... También te puedes cambiar las gafas. Te compras unas nuevas muy modernas y te pones un jersey de colores y unos pantalones cortos...

—¡Dios mío! Un hombre tan serio como yo — dice Alberto preocupado—. Yo soy fotógrafo. No soy actor.

—En esta profesión hay que hacer de todo —le contesta Manuel riéndose.

## 15

Por la mañana Alberto y Antonio preparan juntos las cosas que se tienen que llevar: cámaras fotográficas, micrófonos, grabadoras, cámaras de vídeo y un invento de Antonio: "un zapatófono", un teléfono metido dentro de un zapato para hablar directamente con la gente de "Primera Plana" a cualquier hora del día.

A las doce del mediodía, Alberto se va a la peluquería. Y a las tres [49] Rosa, Beatriz, Nicolás, Manuel y Antonio se van a comer juntos a un restaurante al lado de la oficina. Después Antonio se va a su casa a preparar la maleta y los demás vuelven al trabajo.

A las cinco en punto suena el timbre de la puerta y Rosa va a abrir.

—Buenas tardes, ¿trabajan aquí Nicolás Rivero y Manuel Soler? —le pregunta un hombre delgado y rubio a Rosa.

—Sí, ¿tiene hora?

—No, pero quisiera hablar un momento con ellos.

—¿De parte de quién?

—De Robert Redford —contesta el hombre.

"¡Qué casualidad! —piensa Rosa—. Se llama igual que el actor". Va al despacho de Nicolás y de Manuel y les dice:

—Chicos, Robert Redford pregunta por vosotros.

—¿El actor?

—No, éste es español. Habla español mejor que yo —contesta Rosa.

Nicolás y Manuel salen al recibidor.

—¿Sí? —le preguntan al hombre.

—¿El qué? —contesta distraídamente.

—¡Alberto! ¡Estás tan cambiado! Rositaaaa —grita Nicolás—, es Alberto. Alberto Gómez del Quintanar. La verdad es que pareces un actor de Hollywood.

—¡Anda! <sup>(50)</sup> ¡Pero si es Alberto! —dice Rosa riéndose—.

—Seguro que Ricardo Vázquez no me va a conocer.

—Pues no. Seguro que no. ¿Tienes ya tu maleta?

—Sí, la he traído esta mañana. ¿Y Antonio? —contesta Alberto.

—Ahora viene. Ha ido a su casa a hacer la suya.

—¿Y seguro que va a venir? —pregunta Alberto.

Nadie contesta. Al final Manuel dice:

—Tiene que venir y va a venir. Seguro.

Media hora después llega Antonio y Manuel los acompaña al aeropuerto.

Facturan sus maletas y se despiden.

—Tenemos que estar en contacto todo el tiempo. En la oficina vamos a estar día y noche esperando vuestras llamadas. Suerte y mucho cuidado —le dice Manuel.

—Adiós. Hasta la vuelta.

—Adiós, adiós. Buen viaje.

En el avión Antonio y Alberto se sientan juntos. Delante de ellos, dos filas más allá, está Ricardo Vázquez. Todo está en orden. Todo, menos el miedo de Antonio a volar. La azafata empieza a hablar y Antonio a sudar. Una tortura de más de seis horas.

El avión despega normalmente y media hora después las azafatas ofrecen bebidas a los pasajeros. Antonio no pide nada. Cuando ve a Alberto beber, le dice:

—¿Seguro que vas a beber esa naranjada?

—Está buenísima. ¿Quieres un poco?

—No, por Dios. No me gustan nada las naranjadas de las compañías aéreas.


## 16

Cuando llegan a Maiquetía [51] son las nueve de la noche [52]. Bajan del avión, recogen su equipaje, pasan el control de pasaportes y esperan la salida de Ricardo Vázquez.

Ricardo Vázquez sale el último y va directo hacia la parada de taxis. Antonio y Alberto cogen otro y le dicen al taxista:

—Siga a ese taxi.

—¿Cómo en las películas? —les pregunta el taxista.

—Igual.

Los dos taxis toman una carretera en dirección a Caracas. Es de noche y hace bastante calor, un calor húmedo [53]. Veinte minutos después, entre dos montañas, se ve Caracas, llena de pequeñas luces por todas partes. Es una ciudad enorme. Al entrar a Antonio y a Alberto les sorprende la cantidad de autopistas que se cruzan dentro de la ciudad: autopistas, avenidas y calles llenas de coches. Hay bastante ruido y hace más calor que en Maiquetía. El taxi de Ricardo Vázquez va bastante lento y es muy fácil seguirlo.

—¿Esto es el centro? —le pregunta Antonio al taxista.

—No, no es exactamente el centro.

—¿Pero vamos hacia el centro?

—Sí, vamos hacia San Antonio.

Caracas es una ciudad llena de colinas y calles que suben y bajan.

—Mire, su amigo ya ha llegado —les dice el taxista—. ¿Ustedes también bajan?

—Sí, bajamos aquí.

—Son quinientos bolívares [54].

—Aquí tiene. ¿Cómo se llama este paseo?

—Esto es Sabana Grande, señor [55].

—Gracias.

Ricardo Vázquez coge su maleta y entra en el hotel "Luna". Antonio y Alberto entran también. Oyen que el recepcionista del hotel le dice a un chico:

—Rubén, acompaña a este señor a la 314.

Ricardo sube en ascensor con Rubén.

"La 314. Ricardo Vázquez está en la 314", piensa Antonio.

—¿Qué desean los señores? —les pregunta el recepcionista.

—Dos habitaciones individuales con baño.

—¿Para muchas noches?

—Cinco o seis. No lo sabemos todavía.

—A ver... La 315 y 316. ¿Me dejan sus pasaportes, por favor? Tienen que firmar aquí. Muchas gracias.

Antonio y Alberto se instalan en sus habitaciones, se duchan y bajan al "hall" del hotel. Tienen que seguir a Ricardo Vázquez. Pero Ricardo no sale esa noche a cenar. A las diez y media oyen al recepcionista que dice:

—Rubén, tienes que subir una cena a la 314. El señor va a cenar en su habitación.

Antonio y Alberto salen a dar una vuelta. Sabana Grande es un ancho paseo sin coches, lleno de restaurantes y areperías. Mucha gente está sentada en las terrazas de los bares tomando jugos. También hay vendedores ambulantes de libros, de ropa, de zapatos y de otras cosas. Y gente, mucha gente, sentada jugando al ajedrez.

—¿Comemos algo?

—¿Qué tal una arepa [56]?

—Estupendo. Me gusta probar cosas nuevas — dice Alberto.

Se sientan en un bar y piden dos arepas de pollo y aguacate y dos jugos de zanahoria y naranja. El camarero es muy simpático. Cuando les trae la cena les dice:

—Ustedes son españoles, ¿verdad? [57].

—Sí, somos de Madrid.

—Entonces ustedes no saben cómo se llama esta arepa que han pedido...

—Pues no.

—Se llama "Reina Pepeada". Una de las mejores.

—Gracias.

Cuando se va el camarero, Alberto y Antonio hablan del plan a seguir. A primera hora de la mañana tienen que entrar en la habitación de Ricardo y poner un micrófono en el teléfono y otro en el baño. Luego, tienen que alquilar un coche para poder seguir a Ricardo sin problemas. Y uno de los dos tiene que estar siempre en la puerta vigilando. A las doce se van a dormir. En España son las cinco de la madrugada.

## 17

Antonio se despierta pronto. El viaje, el cambio de horario y los servicios no le dejan dormir. Enciende un cigarrillo y fuma mirando por la ventana los enormes rascacielos y el Monte Ávila. Tienen que entrar en la habitación de Ricardo Vázquez para instalar el micrófono.

Hace mucho calor. Abre la ventana y ve que, en realidad, es un balcón y que se puede saltar al balcón de la habitación de Ricardo sin muchos problemas. "Tengo una idea. Lo va a hacer Alberto".

Alberto está durmiendo tranquilamente en su habitación cuando suena el teléfono.

—¿Diga? —dice medio dormido.

—Alberto, soy Antonio. Vístete corriendo y ven a mi cuarto.

—¿Con las cámaras fotográficas, jefe?

—Sí, con todo. El día ha empezado.

Unos minutos después Alberto entra en la habitación de Antonio.

—Pasa al baño —le dice Antonio.

—Ya me he duchado, Antonio.

—Pasa al baño, por favor.

Entran los dos en el baño y Antonio pone en marcha la ducha. El agua cae con fuerza.

—Antonio, en serio, que me he duchado.

—Esto es para poder hablar tranquilamente. No sabemos si alguien puede oírnos. Con el ruido del agua, nadie nos podrá oír.

—Muy inteligente, jefe.

—Años de experiencia, Alberto. Años de experiencia. Vamos a ver. Tenemos que poner el micrófono en la habitación de Ricardo Vázquez. Tienes que entrar por el balcón y ponerlo. Y este otro tienes que ponérselo en el maletín negro que llevaba ayer. ¿Entendido?

—Sí, pero, ¿cuándo?

—Va a bajar a desayunar, imagino. Pues entonces. Yo voy a bajar después de él y tú entras en su cuarto. Tienes que ser muy rápido. Yo te esperaré abajo, en el restaurante.

—Voy a ver el balcón un momento...

Alberto vuelve al baño.

—Antonio, está muy alto... Tengo un poco de miedo.

—Estamos en el tercer piso, Alberto. Eso no es mucho para un joven como tú, ¿no? Voy a llamar a recepción para alquilar un coche.

—Piensas en todo, jefe.

Antonio llama a la recepción y alquila un coche. A las siete en punto de la mañana el coche va a estar en la puerta del hotel.

Ahora sólo tienen que esperar a Ricardo Vázquez, o a Richard Wagner, su hombre en Caracas. Dejan la puerta de la habitación de Antonio entreabierta y se sientan en un sillón de los años 50, bastante incómodo.

A las ocho de la mañana Ricardo Vázquez abre la puerta de su habitación y va hacia el ascensor. No lleva el maletín negro.

—¡Ahora, Alberto! ¡Deprisa! Te espero abajo.

Alberto va hacia el balcón y Antonio sale de la habitación. Baja en ascensor al restaurante. Allí está Ricardo Vázquez esperando su desayuno. Antonio se sienta en una mesa desde la que puede vigilar a Ricardo y ver la puerta del restaurante. Diez minutos después baja Alberto.

—¿Todavía no te han traído el café? —le pregunta a Antonio.

—No, todavía no. He pedido un desayuno completo, un café sólo para mí y un café con leche para ti. ¿Está bien?

—Perfecto —contesta Alberto.

Antonio le pregunta en voz baja:

—¿Todo bien?

—Estupendamente. He puesto los dos micrófonos: uno en la habitación y otro en el maletín. Y he hecho una cosa más.

—¿Qué? —pregunta, un poco asustado, Antonio.

—Luego te lo cuento.

Llega el camarero con el desayuno: frutas que en España no existen [58], tostadas, mantequilla, mermelada y un café buenísimo. Tienen que tomarlo muy rápidamente porque Ricardo está terminando el suyo.

Ricardo Vázquez sale del restaurante y sube a su

habitación. Diez minutos después baja con su maletín negro, sale del hotel y empieza a andar. Antonio, con la grabadora conectada, y Alberto, con una bolsa llena de cámaras, empiezan a seguirlo. Andan y andan por Caracas. En un quiosco Ricardo Vázquez compra una revista, "Bohemia" [59], y la lleva todo el tiempo en la mano.

—Eso lo hacen los espías —le dice Antonio a Alberto—. Es un código.

Pero Ricardo sigue andando. Bastante rato después llegan a Parque Central [60]. Hay dos rascacielos iguales, muy altos y con cinco o seis sótanos llenos de bares, tiendas, cines, teatros,...

—Parece una película de ciencia-ficción, ¿verdad? —le dice Antonio a Alberto—. ¿Tú has visto "Blade Runner" [61]? Pues es muy parecido.

Ricardo Vázquez entra en uno de los rascacielos y baja por las escaleras mecánicas. En el sótano segundo va directo al Museo del Niño [62], compra una entrada y entra.

"Un buen lugar para una cita secreta", piensa Antonio mientras compra dos entradas, una para Alberto y otra para él.

El museo es maravilloso y Antonio piensa que quiere volver con más tiempo. Pero ahora sólo puede pensar en ese hombre, Ricardo Vázquez, un espía peligroso, quizá, al que están siguiendo por una ciudad al otro lado del Atlántico. Ricardo entra en el Planetario y Alberto y Antonio, también. Ricardo se sienta junto a una mujer que también lleva la revista "Bohemia".

—Haz fotos, Alberto, corre. Eso puede ser im-

Ricardo Vázquez entra en uno de los rascacielos y baja por las escaleras mecáni-cas.

portante. Yo conecto la grabadora para escuchar la conversación después.

Diez minutos más tarde la mujer se levanta y se va. Ricardo Vázquez no le ha dado nada. Sólo han estado hablando. Ricardo se queda un rato más viendo un vídeo sobre los misterios del universo. Cuando, termina se levanta y sale del museo. Detrás van Alberto y Antonio.

### 18

Ricardo entra en el metro y luego entran Antonio y Alberto. A Antonio le sorprende el metro [63] de Caracas. Está limpio como un hospital, hay un silencio como en un hospital y está lleno de indicaciones: "No se puede comer", "No se puede fumar", "No se pueden tirar papeles al suelo", "No se puede correr",...

Van en dirección a Chacaíto.

"Me parece que eso está cerca del hotel", piensa Antonio, que ha estudiado el mapa antes de salir del hotel.

Bajan en Chacaíto, un barrio muy popular, lleno de gente por la calle. Pasan por delante de un gran mercado y, enseguida llegan a Sabana Grande. Delante del hotel, Ricardo Vázquez sube a un coche. Un enorme Triumph verde claro, bastante viejo, matrícula de Caracas. Antonio y Alberto suben al coche que han alquilado, un Chevrolet negro, y empiezan a seguir a Ricardo.

—Yo conduzco —le dice Antonio a Alberto—. Tú mira el mapa y pon en marcha la grabadora.

Por las calles de Caracas oyen la conversación que Ricardo ha tenido con la mujer hace un rato:

—¿Te siguen? —le pregunta la mujer.

—No —contesta Ricardo Vázquez.

—La cita es hoy. En el lugar de siempre. Ya sabes: primero, en el museo y, luego, abajo.

—Entendido.

—Y mucho cuidado. A los jefes les parece que hay alguien detrás.

—En España —dice Ricardo— había unos periodistas. Pero aquí no hay nadie. Estoy seguro. Seguro y tranquilo.

—Hasta la próxima, Wotan, y buena suerte.

Cuando desconectan la grabadora, dice Antonio:

—O sea que está tranquilo. Pues mejor para nosotros, ¿no crees?

—¿Wotan? ¿Wotan? ¿Dónde he oído ese nombre antes? —se pregunta Alberto.

—Es un personaje de las óperas de Wagner. Richard Wagner, Wotan...

—No, yo lo de las óperas no lo sé porque la ópera no me gusta. Pero he oído ese nombre antes...

—¡Lo tengo! —dice de repente Antonio—. La llamada del otro día a la embajada... ¿Te acuerdas?

—Exacto. Es el hombre que llamó al embajador. ¡Qué lío!

—Seguramente Ricardo Vázquez es un correo, un mensajero. Y seguro que trabaja por dinero. Un sueldo de periodista y otro, por colaborar con los países del Este. No está mal.

No es fácil conducir por Caracas. Coches y más coches, atascos, enormes avenidas, puentes... Pero Antonio y Alberto consiguen seguir a Ricardo Vázquez. Pasan por El Silencio [64], bajan por la Avenida San Martín y llegan a un cruce de autopistas. Hay

53

muchos coches como el de Ricardo Vázquez y es difícil seguirlo. Sobre todo en ese cruce. Pero lo consiguen. Ricardo va por la Autopista de La Guaira. Alberto mira el plano y dice:

—Vamos hacia el Norte... La Guaira está al Norte.

Pero luego Ricardo Vázquez cambia de dirección, gira a la izquierda, pasa por varios barrios y, al final, toma la carretera de El Junquito:

—Ahora vamos hacia el Oeste.

—A ver cuándo salimos de esta ciudad —dice, fastidiado, Antonio.

La carretera sube por una montaña. Tiene muchas curvas y, de vez en cuando, pueden ver toda la ciudad de Caracas allá abajo. Pasan por varios pueblos y después están unos veinte minutos sin ver ningún pueblecito.

—¿A dónde va este hombre? —pregunta Antonio.

—No sé, pero en el mapa pone "Tovar".

—¿"Tovar"? ¿Sabes qué es? Es la Colonia Tovar, una colonia de alemanes que viven aquí desde finales del siglo XIX [65]. Lo he leído esta mañana en la guía —contesta Antonio.

—Alemanes, ¿eh? Muy interesante, Muy interesante.

### 19

Hacia las dos de la tarde llegan a la Colonia Tovar, una mezcla de tiendas para turistas y de casas alemanas iguales a las de la Selva Negra.

—Es sorprendente esto.

Alberto hace fotos para parecer un perfecto turista. Ricardo Vázquez aparca el coche y unos metros más allá lo aparcan Antonio y Alberto. Han llegado al lugar escogido por los espías.

Antes de bajar del coche, Antonio se quita el zapato del pie derecho y saca un pequeño aparato. Enseguida se oye:

—Buenas tardes, dígame.

—Rosa, hija. Soy Antonio.

—¡Ay, Antonio! ¡Por fin! ¿Dónde estáis?

—Apunta esto, Rosita: Estamos en la Colonia Tovar, al Oeste de Caracas. Hemos seguido a Ricardo Vázquez hasta aquí. Lleva un micrófono y hemos puesto otro en la habitación del hotel. ¿Me oyes bien?

—Perfectamente. Estoy escribiendo lo que dices.

—Bien. Esta mañana Ricardo se ha encontrado con una mujer y le ha pasado una cita. No sabemos dónde. Pensamos que es aquí. Ahora vamos a volver a seguirlo. Recuerda esto: Colonia Tovar. Si pasa algo, localizadnos aquí. ¿Entendido?

—Antonio, una cosa.

—Díme.

—¿En qué hotel estáis...?

—En el hotel "Luna", en Sabana Grande.

—De acuerdo. ¿Qué hora es allí?

—Las dos de la tarde. Ah, oye, tiene que quedarse alguien esta noche en la oficina, ¿eh?. Puede ser importante.

—Sí, aquí estamos todos.

—¿Nicolás también?

—También. Un éxito. Cuidaros mucho. Esperamos una nueva llamada.

—Rosa, hazme un favor. Mañana por la mañana

llama a los chicos del gabinete, ¿vale? Les dices que estoy bien y les das muchos recuerdos.

—A la orden, jefe. Cuídate mucho.

—Un beso [66].

Antonio se vuelve a poner el zapato, sale del coche y sigue a Alberto que está siguiendo a Ricardo Vázquez.

Ricardo actúa como un turista: mira las alfombras venezolanas, peruanas y colombianas que venden en las tiendas, prueba la mermelada alemana y mira los "Apfelstrudel", iguales que los que otras veces ha comido en Alemania [67]. Pero nunca deja su maletín negro: allí están los secretos militares españoles que tiene que entregar.

Alberto también parece un turista, tan rubio, con unas modernas gafas de sol y haciendo fotos.

Ricardo da una vuelta a la Colonia y, al final, entra en un edificio de madera. En la puerta pone "Museo" en alemán.

"Ese es el museo que ha dicho la mujer esta mañana", piensa Antonio. "Pero, ¿dónde es "abajo"? Eso es lo más importante, me parece".

Alberto y Antonio compran sus entradas y entran también en el museo, en el segundo museo del día. Ven fotos de los primeros alemanes de la Colonia y de las primeras casas. Hay muebles antiguos por todas partes. Y carteles con explicaciones de la historia de la Colonia Tovar.

Ricardo Vázquez baja por unas escaleras a la segunda planta. Unos minutos después bajan Alberto y Antonio. Pero Ricardo Vázquez no está allí.

—Jefe, no está —dice Alberto.

—Scccht. Calla. Pueden oírnos —dice Antonio

en voz muy baja—. Tiene que haber una puerta o algo. La gente no desaparece de repente.

Allí abajo están solamente Antonio y Alberto. A esa hora los verdaderos turistas están comiendo o paseando.

—Toca las paredes para ver si hay alguna puerta escondida.

Cuando Antonio dice esto, ve algo en el suelo.

—Mira, Alberto. Aquí, en el suelo. Creo que esto se mueve.

—A ver... Sí, jefe, esto puede ser una puerta.

—Ya lo tengo. Claro... No sé por qué no lo hemos pensado antes. La mujer de esta mañana le ha dicho: "Primero, el museo y, luego, abajo".

—Exacto. Y esto es abajo. ¿Qué hacemos?

—Tenemos que entrar. Pero no ahora. Puede ser peligroso. Vamos al coche para escuchar la grabadora.

## 20

Vuelven al coche y ponen la grabadora en marcha. En ese momento no se oye ninguna conversación. Pero tienen una grabada y la escuchan.

—Aquí Wotan. Espero instrucciones.

—¿Lo han conseguido?

—No.

—Diga la contraseña y la puerta se va a abrir.

—"Lindísima amapola"

Entonces se oye el ruido de una puerta metálica abriéndose.

—Bueno, jefe, ya sabemos la contraseña.

—Aprieta ese botón, Alberto. Están hablando de

nuevo.

Alberto conecta el aparato y oyen lo que en ese momento están diciendo los espías:

—Aquí están los documentos. Son los planos secretos de las bases de Rota y Torrejón. También está la descripción de todo el armamento que hay en este momento —está diciendo Ricardo Vázquez.

—¿Y los códigos secretos españoles? —le pregunta un hombre con fuerte acento alemán.

—Todavía no los tenemos. Vamos a conseguirlos pronto. Se lo aseguro —contesta Ricardo Vázquez.

—Está bien. En Madrid vas a recibir nuevas instrucciones. Walkiria se va a poner en contacto contigo. Mañana te quedas en Caracas. Paseas, comes, compras,... Haces las cosas que hacen los turistas. ¿Entendido? Y pasado mañana te vas a Madrid. Y esperas. ¿Alguna pregunta? —le dice el hombre a Ricardo.

—No, señor. Está todo muy claro. Pero..., pero no sé cuándo voy a cobrar —dice Ricardo un poco nervioso.

—El agente 3714 te va a pagar en Madrid.

—De acuerdo, señor.

Se oyen pasos, una puerta que se cierra, un rato de silencio y, de nuevo, se oye a Ricardo Vázquez decir: "Lindísima amapola".

Y otra vez se oye el ruido de una puerta metálica abriéndose.

—Voy corriendo a la puerta del Museo. Quiero ver si Ricardo Vázquez sale sin su maletín negro —le dice Antonio a Alberto y baja del coche.

Efectivamente, Ricardo sale del museo sin su maletín. Antonio vuelve al coche.

—Tenemos que entrar allí dentro.

58

—¿El qué, jefe? —dice Alberto como siempre.

—Tenemos que entrar allí dentro porque necesitamos fotografiar esos documentos —le dice Antonio, un poco enfadado porque no le gusta repetir las cosas.

—No es necesario, Antonio.

—¿Cómo que no es necesario? Eso es lo más importante.

—Es que esta mañana los he fotografiado todos.

—¿Lo dices en serio?

—Completamente en serio. Los he fotografiado todos y... —Alberto no sabe si seguir hablando o no.

—¿Y qué?

—Y me he quedado unos cuantos documentos. Tres o cuatros papeles...

—¡Genial, Alberto! Vas a salir en los periódicos.

—Si, jefe. Pero rubio, no.

Se ríen.

—Hay un pequeño problema —dice Antonio—. Tenemos que saber si las fotos han salido bien o no.

—Podemos revelarlas en el hotel.

—Muy bien. Y, ahora que pienso, hay otro problema.

—¿Otro? ¿Cúal? —pregunta Alberto un poco asustado.

—Ese hombre que ha hablado con Ricardo Vázquez puede comprobar que no están todos los papeles... —dice Antonio un poco preocupado.

—¡Dios mío! ¿Y entonces qué?

—Hay que irse rápidamente. Vamos a revelar las fotos y vamos a seguir escuchando las conversaciones: tenemos dos micrófonos conectados.

—¡Es verdad! Si el hombre se da cuenta, lo vamos a saber.

—Venga, volvemos al hotel.

## 21

Antonio y Alberto se encierran en la habitación 315 del hotel "Luna". Trabajan toda la tarde. Las fotos están bien. Tienen una copia de todos los documentos y cuatro documentos auténticos.

—Buen trabajo, Alberto —le dice Antonio—. Pon en marcha la ducha que voy a intentar hablar con Madrid.

Antonio se quita el zapato:

—¿Sí?

—Rosa, hija, soy Antonio.

—¿Qué tal? ¿Qué tal? ¿Cómo va todo?

—Estupendamente. Tenemos grabaciones, copias de los documentos... O sea: una exclusiva perfecta.

—¡Qué bien!

—Pero tenemos que hacer una cosa. Vamos a mandar una copia de las fotos por Correo. Alberto vuelve mañana a Madrid con las grabaciones y los originales de las fotos. Pasado mañana vuelve Ricardo Vázquez. Tenéis que llamar a la policía. Tienen que detenerlo en el aeropuerto, ¿vale?

—¿Y tú Antonio?

—¿Yo qué?

—Que cuándo vuelves. No te vas a quedar allí, ¿no?

—¿Quedarme? No, ni hablar. Pero vuelvo en barco. Yo no vuelvo a viajar en avión en mi vida.

—¿Y quién va a escribir el artículo? Tiene que salir prontísimo.

—Ya lo he escrito, Rosa. Nicolás y Manuel tienen que revisarlo, pero lo fundamental ya está.

—¡Eres una joya! [68].

—¿Tú crees? —dice Antonio, encantado, en el fondo.

Unos días después en todos los periódicos se publica la exclusiva de "Primera Plana":

# DETENIDA UNA GRAN RED DE ESPIAS. SE HA SALVADO LA SEGURIDAD ESPAÑOLA.

Un periodista venezolano pasaba información a un grupo de espías de la República Democrática Alemana, que tenía la base de operaciones en la Colonia Tovar, cerca de Caracas.

Rosa guarda todos los periódicos para enseñárselos a Antonio cuando regrese. Porque Antonio todavía no ha vuelto. Cruzar el Atlántico en barco es un poco lento. "Pero mucho más seguro que en avión", diría él.

*al*
*del*

# NOTAS EXPLICATIVAS

(1) En España existen servicios de *mensajeros* para transportar cosas por la ciudad en moto. Algunas compañías de radio-taxi también realizan este tipo de servicio.

(2) El Gobierno realiza una reunión semanal de todos los ministros, presidida por el Presidente de Gobierno. Esa reunión recibe el nombre de *Consejo de Ministros* y en él se toman importantes decisiones político-económicas.

(3) Es normal, en relaciones profesionales poco jerarquizadas, que los empleados traten a sus jefes de "tú".

(4) *E.F.E.* es la agencia de noticias más importante de España.

(5) *O.K.* se ha generalizado en el habla coloquial.

(6) En España se dice que los valencianos y catalanes son tacaños y que dan mucha importancia al dinero.

(7) En España existen hoteles, hostales, *pensiones* y *fondas*, éstas dos últimas suelen ser alojamientos familiares, con precios bajos y, a veces, con pocas garantías de comodidad.

(8) *Buenos días* se dice en España hasta la hora de comer. Cuando se ha comido, se empieza a decir *Buenas tardes*.

(9) El *Palacio de la Moncloa*, generalmente llamado por los españoles *La Moncloa*, es la residencia del Presidente del Gobierno. Está situado en las afueras de Madrid.

(10) Uno de los ministerios españoles es el del Portavoz del Gobierno, encargado de transmitir información a los ciudadanos y a la prensa. *Ministra* se ha empezado a usar desde la transición de España a la democracia (año 1976) ya que, durante el franquismo, no había habido ninguna mujer en el Gobierno.

(11) *El paro* es uno de los grandes problemas de la sociedad española. En la actualidad, un 17% de la población activa no tiene trabajo, aunque parece que últimamente las cifras de parados empiezan a disminuir.

*suele (solar)*

*pertenece*

(12) En España hay dos cámaras: el *Congreso de los Diputados* y el *Senado*, compuestas por diputados y senadores escogidos democráticamente cada cuatro años.

(13) *Interviú* es una revista, de caracter sensacionalista y con una gran tirada, que combina artículos de temas generales con información de sucesos concretos y fotos de desnudos femeninos.

(14) Por *países del Este* se entienden los países que están en el bloque de influencia soviética.

(15) Cuando se habla de la República Democrática o de la República Federal Alemana, se utiliza el artículo determinado femenino *(la)* dado que *república* es un nombre femenino.

(16) "La Nación" es uno de los periódicos más leídos en Argentina, así como el "Diario de Caracas" es uno de los de mayor tirada de Venezuela.

(17) *Capitán* y *comandante* son dos graduaciones del ejército español. El *Estado Mayor* es el organismo superior del Ejército encargado, entre otras cosas, de la información secreta.

(18) *Bonita* es una expresión afectiva para dirigirse a una mujer. Entre otros usos, suele emplearse, después de una petición, para intentar persuadirla para que realice alguna actividad.

(19) *Madre mía* es una expresión coloquial de diversos valores comunicativos; entre ellos, expresar sorpresa, pena o, como aquí, preocupación.

(20) En general, en España se trabaja mañanas y tardes. Se suele entrar a trabajar a las nueve de la mañana hasta las dos y, por la tarde, de cuatro o cuatro y media hasta las siete. Existe también en algunos sectores, horario intensivo: se trabaja de ocho a tres de la tarde sin interrupción.

(21) Desde 1986 España pertenece a la O.T.A.N. (Organización para el Tratado del Atlántico Norte), desde los años 60 tiene un convenio militar con los Estados Unidos mediante el cual el ejército americano dispone de una serie de bases en territorio español.

(22) El carné de identidad, también llamado D.N.I. (Documento

Nacional de Identidad) es un documento, obligatorio para todos los españoles a partir de los dieciséis años, en el que constan una serie de datos personales (nombre y apellidos, dirección, edad, etc.).

(23) *¿El qué?* es un recurso que sirve para solicitar información sobre el tema de una conversación ya iniciada o, en casos de ambigüedad, para saber de qué se está hablando. Sin embargo, no se utiliza cuando alguien oye su nombre, en cuyo caso lo habitual es decir: *¿Qué?* Se trata aquí de una licencia para caracterizar al personaje.

(24) En el Paseo de la Castellana, una gran avenida que atraviesa Madrid de Norte a Sur, está el llamado "complejo Azca", una zona de rascacielos y edificios muy modernos en los que hay oficinas, locales comerciales y bares de moda. El *Edificio Picasso* es de los últimos rascacielos que se han construido allí (año 1988).

(25) Sevilla es una de las ciudades más importantes de Andalucía. De los andaluces se dice, entre otras cosas, que tienen mucha gracia y simpatía.

(26) *Un problemilla* significa un pequeño problema.

(27) En el lenguaje coloquial actual, *kilo* se emplea para referirse a millones de pesetas. Así, *un kilo* será un millón de pesetas, *dos kilos*, dos millones, etc.

(28) Madrid tiene un clima continental: frío en invierno y muy caluroso en verano. En junio puede llegarse a más de treinta grados.

(29) *Don Quijote de la Mancha*, el famoso personaje del libro de Miguel de Cervantes (publicado en el año 1605), era un hombre alto y muy delgado. En España es frecuente decir que alguien se parece a Don Quijote cuando tiene esas características físicas.

(30) Uno de los capítulos más conocidos de Don Quijote es cuando, en La Mancha, el personaje confunde unos molinos con gigantes y lucha contra ellos.

*ligar*

(31) El *barrio de Salamanca*, situado al este del Paseo de la Castellana, es uno de los barrios más elegantes de Madrid y está lleno de cafeterías, restaurantes y tiendas de moda. En él vive una gran parte de la burguesía más conservadora de la ciudad.

(32) Una de las bases americanas está en la población de *Rota*, en la provincia de Cádiz. Es una base de gran importancia estratégica por estar en la zona más al sur de España, cerca del estrecho de Gibraltar que separa el Mar Mediterráneo del Océano Atlántico.

*agosto*

(33) En el lenguaje coloquial *ligar* significa empezar relaciones amorosas con intención de pasar un buen rato y sin compromiso. No siempre tiene connotaciones sexuales.

(34) En España, por ser un país de fuerte tradición católica, se celebra la festividad del santo: el día del año dedicado al santo de nuestro nombre.

(35) *El País* y *Diario 16* son dos periódicos independientes muy leídos en España.

(36) *Hijo/a*, usado como aquí, es un recurso afectivo, muy frecuente en el habla coloquial en relaciones informales de mucha confianza. Tiene muchos valores comunicativos, todos ellos relacionados con la persuasión (intentar justificar, reprochar, convencer, etc.).

(37) *John Le Carré*, cuyo verdadero nombre es David Cornwell, es uno de los escritores de novela policíaca más importante de este siglo.

(38) *¡Dios santo!* es una expresión coloquial que sirve para expresar contrariedad.

(39) *Velázquez* y *Goya* son dos de los más famosos pintores españoles. Diego de Velázquez (1599-1660) es el autor, entre otras muchas obras, de "Las Meninas". Francisco de Goya (1746-1828) es autor de "La familia de Carlos IV", de la "Maja desnuda", de la "Maja vestida" y, entre otras muchas pinturas, de una serie llamada "La España negra".

(40) Las calles Goya y Velázquez están en el barrio de Salamanca que, como se ha dicho, es uno de los más elegantes de Madrid.

(41) Es muy frecuente en Madrid encontrar coches aparcados *en doble fila*, es decir, ocupando una parte de la calzada destinada a la circulación.

(42) La *Plaza de Colón*, también llamada *Plaza del Descubrimiento*, está al sur del Paseo de la Castellana. En España casi todas las ciudades importantes tienen una estatua dedicada a Cristóbal Colón, descubridor de América en 1.492.

(43) De la Plaza de Colón sale una avenida que va hasta la Plaza de Cibeles, que se llama *Paseo de Recoletos*. Allí está el *Café Gijón*, lugar de encuentro de intelectuales y artistas.

(44) *El Retiro* es un gran parque, situado en el centro de Madrid. En él se celebran numerosos espectáculos, exposiciones, actuaciones musicales y teatrales, tanto espontáneos como organizados oficialmente.

(45) Los discursos y los espectáculos empiezan siempre con la fórmula: *señoras y señores*. Aquí está usado irónicamente.

(46) *Barajas* es el aeropuerto de Madrid. Está situado a 16 Kms. del centro, en la carretera de Barcelona.

(47) *Señorita* es la forma habitual de tratamiento al dirigirse a telefonistas, recepcionistas o empleadas públicas.

(48) *¡Cielo santo!* es una expresión coloquial que, entre otros valores, sirve para indicar preocupación, sorpresa al descubrir algo, etc.

(49) En España, la comida del mediodía se realiza entre las dos y las tres de la tarde.

(50) *¡Anda!* es una expresión coloquial, muy frecuente, que sirve para expresar sorpresa.

(51) *Maiquetía* es el aeropuerto de Caracas. Está a 21 Kms. de la ciudad.

(52) Entre Madrid y Caracas hay seis horas de diferencia.

(53) Caracas, situada en los Andes, a 920 metros sobre el Caribe, tiene un clima muy bueno durante todo el año, con temperaturas máximas de unos 30º durante el día que descienden a 16º durante la noche. No obstante, es una ciudad muy contaminada por lo que, a veces, se tiene sensación de más calor.

(54) *El bolívar* es la moneda venezolana.

(55) *En Sabana Grande* hay un largo paseo, la avenida Lincoln, que empieza en la *Plaza de Venezuela*. Es una de las zonas más comerciales de Caracas.

(56) Las *arepas* son una masa hecha de harina de maíz muy poco molido que se rellena de diversas cosas, a modo de bocadillo. Es muy frecuente encontrar en bares, restaurantes y *Fuentes de soda* jugos de fruta licuada: de mango, papaya, remolacha, chirimoya, etc.
En algunos lugares de Sabana Grande hay mesas en el centro del paseo donde muchos caraqueños juegan al ajedrez.

(57) Es fácil reconocer el acento español tanto por la entonación como por la pronunciación de las ces y zetas.

(58) Hay en Venezuela frutas tropicales que en España, salvo en Canarias o en tiendas especializadas en las grandes ciudades, son muy difíciles de encontrar y que sólo se consumen excepcionalmente: mango, papaya, etc.

(59) *Bohemia* es una revista de información política de ideología progresista.

(60) *Parque Central* es un complejo moderno donde está el Museo de Arte Contemporáneo, el Auditorio Teresa Carreño, el Museo del Niño y varios centros comerciales.

(61) Película de ciencia ficción norteamericana, realizada a principios de los años 80.

(62) El *Museo del Niño* es un museo de la ciencia adaptado didácticamente a un público infantil. Hay secciones dedicadas a la física, a la astronomía, a la biología, a la medicina y a la educación cívica.

(63) *El metro* de Caracas es de muy reciente construcción. Tiene incorporadas novedades tecnológicas y resulta especialmente rápido y cómodo. Los caraqueños ven el metro como la solución para sus problemas de desplazamiento.

(64) *El Silencio* es uno de los barrios más antiguos de la ciudad. En este barrio está el Centro Simón Bolívar, dos edificios gemelos de 32 pisos donde están las oficinas del gobierno.

(65) A unos 70 kms. de Caracas está la *Colonia Tovar*, fundada hace más de cien años por emigrantes alemanes. La arquitectura, el lenguaje y la comida son parecidos a los de la Selva Negra de finales del siglo pasado.

(66) Es frecuente, para despedirse en una conversación telefónica, utilizar la expresión *un beso* o *un abrazo*, en relaciones de confianza.

(67) Los habitantes de la Colonia Tovar venden productos de la cocina tradicional alemana, elaborados por ellos mismos artesanalmente.

(68) *Ser una joya* es una expresión que se utiliza para elogiar a una persona, señalando que vale mucho.

# ¿LO HAS ENTENDIDO BIEN?

*1*

*Haz una lista de todos los personajes que aparecen en este capítulo: nombre, profesión y alguna característica.*

*2 y 3*
Contesta a estas preguntas:

— ¿Cuál es uno de los problemas de Manuel Soler?
— ¿Y de Nicolás Rivero?
— ¿Cúal es la información más importante para "Primera Plana" de todos los temas de la conferencia de prensa del gobierno?
— ¿De quién sospechan en el gobierno?

*4*
Escribe todas las cosas que los periodistas deciden hacer para obtener información sobre el problema del espionaje.

*5, 6, y 7*
Escribe, ahora, las informaciones que han obtenido.

*8 y 9*
Completa estas frases:

— Antonio propone ir ————————————————
— Antonio ha inventado ————————————————
— En la Embajada, Nicolás ————————————————
— El embajador le dice que ————————————————
— Nicolás, después de poner el micrófono, piensa que ————
— Desde el coche oyen una conversación entre el embajador y una mujer que es ————————————————
— Después oyen otra conversación. Wotan le dice al embajador que ————————————————

*10 y 11*
Contesta a estas preguntas:
— ¿Cómo ha conseguido Carlos algunos artículos?
— ¿Por qué Antonio sabe que Nicolás tuvo mucho tiempo para po-

ner el micrófono?
- ¿Quién vigila la embajada esa mañana?
- ¿Qué pasa cuando Ricardo Vázquez escribe un artículo en "El País"?
- ¿Creen que es una casualidad?
- ¿Quién es Ricardo Vázquez? ¿Y Richard Wagner?
- ¿Qué descubre Rosa?

## 12
Contesta a estas preguntas:

- En el capítulo anterior han descubierto que las iniciales de Ricardo V. Vázquez y las de Richard Wagner pueden ser las mismas: erre, doble uve. ¿Qué descubren ahora? ¿Qué sistema utilizan para descubrir el mensaje secreto? ¿Cúal es el mensaje secreto que descubren?

## 13
¿Por qué no dibujas un pequeño plano y señalas dónde está cada uno de los personajes esperando la llegada del supuesto espía?
Y, luego, contesta a estas preguntas:

- ¿Por qué Antonio se acerca al coche de Ricardo? ¿Qué le dice?
- ¿Qué hace Antonio y qué hace Ricardo?
- ¿Qué pasa después?

## 14 y 15
Completa estas frases:

- El 505 no es ——————————————————
- Tampoco es ——————————————————
- Ni tampoco es ————————————————
- Es ——————————————————————
- La señorita de información del aeropuerto de Barajas le dice a Rosa que ————————————————
- Al final, Nicolás y Manuel ———————————
- En el aeropuerto Manuel y Nicolás averigüan que ————
- y deciden que ————— porque ——————————
- A Antonio no le gusta mucho el plan porque ——————
  pero, al final ——————————————————
- Alberto tiene que ir al día siguiente a la peluquería para ——
  —————————————— porque ——————————

*16*
Contesta a estas preguntas:

- ¿Quién va a visitar a los periodistas de "Primera Plana" a las cinco?
- ¿Por qué no lo reconoce Rosa?
- ¿Quiénes van en el avión con destino a Caracas?
- ¿Por qué a Antonio le gusta tanto la naranjada del avión?

*17*
¿Por qué no haces una lista de todas las informaciones sobre Caracas que has obtenido en este capítulo?

*18* y *19*
Contesta a estas preguntas:

- ¿Qué tienen que conseguir Antonio y Alberto?
- ¿Por qué Antonio le pide a Alberto que pase al baño?
- ¿Qué plan deciden para conseguir entrar en la habitación de Ricardo Vázquez?
- ¿Cómo lo consiguen?
- ¿Qué hace Ricardo Vázquez antes de salir del hotel? ¿Y después?
- ¿A dónde van?
- Con quién se encuentra Ricardo?
- ¿Qué le ha dicho la mujer?
- ¿Qué hacen, luego, Ricardo, Antonio y Alberto?

Haz una lista de todas las informaciones de Caracas que has obtenido en estos dos capítulos.

_____

_____

_____

_____

_____

*20*

Une con una flecha un elemento de cada recuadro:

| | |
|---|---|
| Antonio<br>Rosa<br>Alberto<br>Ricardo Vázquez<br>Antonio y Alberto | le explica a Rosa dónde están y todo lo que han hecho en Caracas.<br><br>le cuenta a Antonio que todos están bien.<br><br>le pregunta a Rosa si Nicolás ya ha llegado.<br><br>hace fotos para parecer un turista.<br><br>actúa como un turista.<br><br>entra en un museo y luego, en el piso de abajo, desaparece.<br><br>vuelven al coche a poner en marcha la grabadora.<br><br>lleva el maletín negro con el micrófono. |

*21*

Completa las frases:

A Ricardo Vázquez le preguntan si ——————— y le piden que ——————— . La contraseña es: ——————— pero faltan ——————— .
A Ricardo le dicen que ———————.
Ricardo pregunta cuándo ——————— y le contesta que ——————— .

Cuando sale del museo, Ricardo no lleva ——————— .
Antonio le dice a Alberto que ——————— porque ——————— , pero Alberto le explica que, por la mañana, cuando ha entrado en la habitación de Ricardo Vázquez, ———————

———————

Entonces deciden volver al hotel para ———————

*22*

¿Por qué no resumes lo que pasa en este capítulo?